AF253761

SOUVENIR

DU DÉSASTRE DU 23 JUIN 1875

TRIOMPHE DE LA CHARITÉ

PAR

HUBERT LAMBERT

Sous-bibliothécaire de la ville

Se vend au profit des inondés

TOULOUSE

CHEZ L'AUTEUR, PLACE·LAFAYETTE, 4

ET CHEZ LES PRINCIPAUX LIBRAIRES

1876

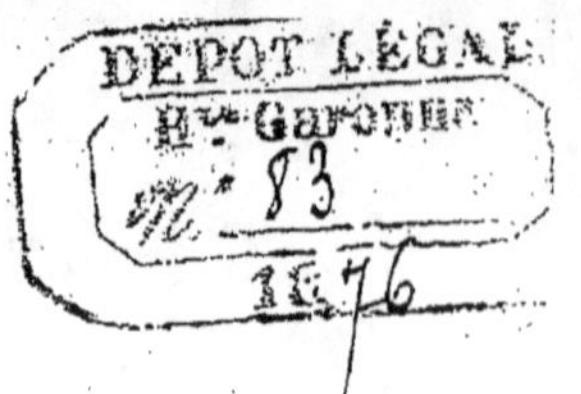

SOUVENIR

DU DÉSASTRE DU 23 JUIN 1875

TRIOMPHE DE LA CHARITÉ

TOULOUSE. — IMP. A. CHAUVIN ET FILS, RUE DES SALENQUES, 28.

SOUVENIR

DU DÉSASTRE DU 23 JUIN 1875

TRIOMPHE DE LA CHARITÉ

PAR

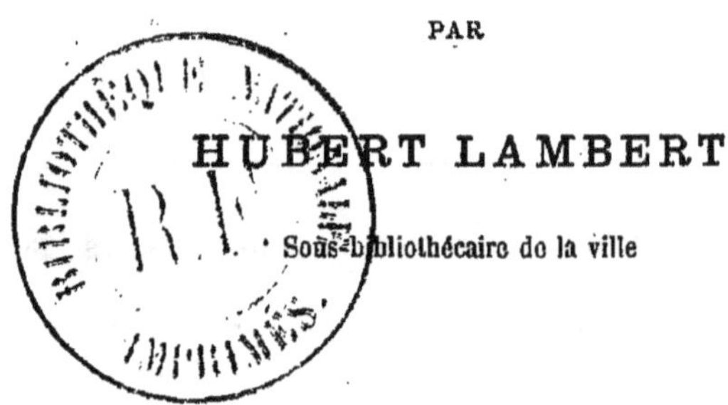

HUBERT LAMBERT

Sous-bibliothécaire de la ville

Se vend au profit des inondés

TOULOUSE

CHEZ L'AUTEUR, PLACE LAFAYETTE, 4

ET CHEZ LES PRINCIPAUX LIBRAIRES

—

1876

LE DÉSASTRE ET L'ARMÉE

Juin 1875 !... Date néfaste dans les annales de l'humanité, date à jamais gravée dans la mémoire des Toulousains... ; jours de larmes et de deuil; mais jours aussi de dévouements et d'héroïsme...; jours de triomphe pour la charité chrétienne !...

Le 23 juin dernier, le fleuve la Garonne rompant toutes ses digues, s'élançant dans toutes les directions avec une impétuosité et une puissance irrésistibles, ravageant tout, brisant et entraînant tous les obstacles, vint porter la désolation, la rüine et la mort dans le faubourg Saint-Cyprien !...

Dans certains quartiers l'eau atteignit, en peu de temps, quatre mètres d'élévation; elle entrait dans les maisons par les fenêtres du premier étage.

A la vue de cet épouvantable désastre, les habitants surpris, veulent fuir : mais, ô terreur ! l'eau a tout envahi et il ne reste à ces malheureux que la perspective d'une mort affreuse !...

Le mugissement du torrent, dont la fureur augmente le désastre, se confond avec les cris désespérés, poussés par ces créatures humaines amoncelées sur les toitures, implorant du secours !...

Là, se passent des scènes poignantes, indescriptibles : l'on voit des groupes enlacés dans une même étreinte ; des femmes affolées se tordant dans les convulsions de la plus horrible douleur ; des enfants à genoux demandant la bénédiction à leurs pères ; d'autres groupes atterrés ou résignés adressant leurs vœux et leurs prières au Tout-Puissant !...

Bientôt le bruit sourd des maisons s'effondrant et entraînant dans le gouffre des familles entières vient encore ajouter à l'horreur du tableau !...

Sur la rive droite, l'épouvante est à son comble : une foule frémissante d'hommes, de femmes, d'enfants, témoins impuissants, poussent des cris affreux !... Ils se désespèrent de ne pouvoir aller arracher au torrent dévastateur leurs époux, leurs mères, leurs enfants, leurs amis, qu'ils voyaient avec la plus cruelle douleur à jamais précipités dans l'abîme !... Quelles scènes d'horreur !... Oh ! rien ne peut dépeindre le douloureux spectacle que l'on avait sous les yeux !...

Dans cette situation solennelle, la réflexion étant l'agonie même, l'héroïsme, cette vertu commune au caractère français, commence activement son œuvre : De toutes parts les secours s'organisent avec une impulsion fiévreuse : Toutes les autorités civiles et municipales, les autorités militaires, les membres du clergé, les Frères de la doctrine chrétienne, des gens de toute classe et de toute condition, viennent présider ou prêter leurs concours à cette pressante et périlleuse organisation.

Les soldats de toutes armes, commandés par leurs chefs, arrivent au pas de course ; les fourgons d'artillerie les suivent et déposent sur les bords du fleuve les bateaux sortis de l'arsenal.

Il fallait voir alors, avec quel entraînement, quelle ardeur communicative, ces braves cœurs, se condamnant aux suprêmes sacrifices, se précipitaient dans les bateaux et les lançaient de tous côtés, dans les rues, bravant des périls certains pour aller disputer à la mort la proie qu'elle convoitait et qu'elle croyait posséder déjà !...

Des actes sublimes sont accomplis : Les enfants sont recueillis les premiers, les vieillards ensuite, puis les gens valides.

Malgré les fatigues excessives de ces tristes journées, ces intrépides soldats, pour la plupart ces lions d'Afrique, ont trouvé dans leur zèle, pendant plusieurs jours encore, le secret de suffire à tous les genres de service que les circonstances pouvaient réclamer d'eux.

L'esprit d'ordre qu'ils ont montré et le désintéressement dont ils ont fait preuve ont beaucoup ajouté aux sentiments de vive reconnaissance qu'ils ont inspirés.

Malheureusement, dans ces sauvetages périlleux, notre admirable armée a payé, elle aussi, son tribut au terrible fléau ; un grand nombre de ses enfants a été englouti !...

Ces héroïques soldats ont trouvé dans l'accomplissement d'un devoir fraternel une mort plus glorieuse, peut-être, que celle du champ de bataille !...

Honneur à eux !... respect à leur cendre !...

Un jour, lorsque nous aurons donné une nouvelle famille à tous nos chers orphelins, lorsque toutes les habitations auront été rebâties, lorsque les usines auront été relevées, lorsque les ateliers auront repris leur activité accoutumée, lorsque le calme sera enfin revenu, alors nous reparlerons d'eux : alors nous acquitterons notre dette de louanges à la mémoire de ces braves et nobles victimes : nous planterons des lauriers pour ombrager leurs sépultures : nous glorifierons solennellement leur généreux et sublime dévouement en déposant pieusement sur leur tombe le symbole de la vertu chrétienne : La palme du martyre !...

LA CHARITÉ

Aux premières atteintes du fléau, il s'échappa
du sein de Toulouse un cri d'alarme si déchirant
qu'il remplit le monde entier, et le plongea dans
la plus émouvante stupeur!... Mais le cœur humain, vaste et profond... foyer d'amour, dont la
chaleur ranime et fortifie, fut-il jamais insensi-
ble à la voix de l'infortune? L'écho de nos désastres avait à peine retenti, et déjà de toutes parts
s'ouvraient sur nous les trésors inépuisables de
la charité.

De toutes les contrées, de toutes les nations, de
toutes les villes, de tous les hameaux, du palais
doré comme de la plus humble chaumière, une
grande et sympathique pensée s'élève et se déve-

loppe : Ce fut une explosion sublime, un de ces élans de générosité où se retrouve le grand cœur de l'homme; tant il est vrai, que formé pour être généreux et magnanime, il ne perd jamais l'élévation qu'il a reçue du divin Maître de la nature.

Qui n'a entendu raconter les prodiges de la charité chrétienne ? Qui n'a été ému à la vue de cette reine des vertus évangéliques étendant sur les malheureux son bienfaisant empire ?... C'est dans les grandes calamités, surtout, que, par sa douce influence, les sentiments naturels se réveillent; avec son excessive tendresse, elle s'insinue dans le cœur des hommes frappés par le malheur; par sa grâce touchante, elle les rapproche et les unit dans une commune expansion. Dès ce moment, les inimitiés s'éteignent, les riches et les pauvres confondent leurs douleurs, tous s'aiment et s'entr'aident; l'infortune a brisé la barrière qui les séparait, ils se retrouvent égaux et bons.

L'invasion du fléau avait été soudaine; on sait avec quelle effrayante rapidité il avait ravagé les campagnes, emporté les moissons, renversé les édifices, et avait fait succéder la ruine et le deuil; on se demandait avec effroi au prix de quels sacrifices et en combien d'années il serait possible

de réparer ces désastres accomplis en quelques
heures ?... Mais à côté de ces ruines amoncelées,
des milliers d'hommes, de femmes et d'enfants,
restaient sans asile et sans pain. Pour ces infortunés, l'œuvre de réparation devait commencer à
l'instant même, le remède pressait, car la misère
n'attend pas !...

Une lutte universelle s'engage, active, ardente,
passionnée; les illustrations de la France, les ma-
gistrats, les financiers, les artistes, les commer-
çants, les industriels, les bourgeois, les ouvriers,
les femmes, les enfants, les plus humbles, les pauvres, oui, les pauvres eux-mêmes ont été un jour
au moins assez riches pour donner. Tous, sans
distinction de classe, sans consulter leurs forces et
leurs ressources, sans songer au lendemain, se
disputent le bonheur de donner; tous déploient
des sentiments humains qui sont une des plus pu-
res gloires de notre grande nation.

Les dames françaises, qui ont la science de la
charité, adoptant la cause du malheur, emploient,
pour la faire triompher, toutes les séductions de
l'esprit et des grâces, toutes les ruses de la bienfaisance la plus ingénieuse.

Partout des comités sont formés, des souscriptions ouvertes, des concerts, des spectacles, des fêtes brillantes organisées ; rien de charmant, de consolant comme le tableau de cette charité gaiement et délicatement pratiquée. La merveilleuse filiation et le fécond enchaînement de ces œuvres qui s'imposent à l'esprit et au cœur, le but noble qui se cache sous l'éclat de toutes ces fêtes pour tant d'infortunés que l'on veut soulager, pour des malheurs publics que l'on veut réparer, pour ces souvenirs pénibles que l'on veut amoindrir, tout cela nous jette dans une admiration sans égale ; par l'immense profusion des offrandes, on peut juger de la puissance de l'humanité : jamais elle ne s'est élevée plus haut.

A Toulouse, pour accélérer davantage le mouvement de la charité, un comité de secours se constitue à la préfecture. Il est composé des principales autorités, des dames des grandes familles et des principaux membres du clergé. Ce comité s'impose la mission de recueillir les offrandes, de décider de l'importance et de l'opportunité du secours.

Dans cette tâche éminemment humaine, l'action rapide, bienfaisante du comité produit aussitôt de salutaires résultats. Tous les dévouements sont à la hauteur des grands malheurs qui ont terrifié notre ville.

Les dames des hautes classes, oubliant naissance et fortune, volent au secours des infortunés; elles parcourent ces quartiers désolés, recherchant, avec un zèle avide, au milieu de ces ruines, dans les quelques maisons qui restent encore debout, les misères secrètes, les misères profondes, celles qui, honteuses de se montrer, luttent seules et pleurent en silence.

Nous les avons vues, ces dames de haut rang, chez lesquelles la grandeur et la richesse, au lieu de détruire ont augmenté l'esprit de dévouement : nous les avons vues, dis-je, visitant ces habitations malsaines où naguère s'entassaient, à l'étroit, de pauvres ménages d'ouvriers. Nous les avons vues se glissant dans ces réduits infects où s'étiole cette population laborieuse, répandant et distribuant avec abondance la charité et la bienfaisance.

La charité aime, la bienfaisance donne.

Oh ! comme nous avons admiré avec bonheur cette bonté ineffable, ce dévouement démonstratif et vrai, ce sublime, cet idéal de la vertu chrétienne!

LA VISITE DU MARÉCHAL

Le deuil qui pesait sur Toulouse dépassait en effroyable réalité tout ce que l'imagination peut concevoir de plus lamentable ; ce deuil local devenu deuil national fut généreusement conjuré pour le salut et la consolation des infortunés échappés à ce désastre, par l'arrivée soudaine du maréchal de Mac-Mahon, président de la République française.

Le 26 juin, le maréchal, accompagné du président du Conseil ; du général de Cissey, ministre de la guerre ; de M. le comte d'Harcourt, secrétaire de la présidence ; de M. le général marquis d'Abzac, du colonel Broye, aides-de-camp, fit son entrée dans notre bonne ville.

2

Il fut accueilli, non par des acclamations bruyantes, car la douleur est muette, mais avec le plus profond respect, avec les marques de la plus sincère reconnaissance. Cette démarche inattendue, faite au nom de la France, produisit sur notre population, douloureusement affectée, l'effet le plus salutaire.

Dans sa sollicitude paternelle, esclave de son devoir, oubliant la fatigue du voyage, sans prendre du repos, le maréchal se rendit immédiatement sur le lieu du désastre.

A la descente du pont, il mit pied à terre.

Embrassant du regard cette immense étendue de ruines sous lesquelles s'élevait hier encore une cité florissante aujourd'hui anéantie ; à la vue de ces affreuses misères qui contrastent si douloureusement avec les joies de la veille, reconstituant par la pensée tous les détails de cette terrible catastrophe, fasciné par l'horreur du spectacle, vaincu par l'émotion, ce cœur des mieux trempés, des plus résolus, fut saisi d'une vive et profonde impression : ses yeux se remplirent de larmes.

Oh ! son cœur ne l'avait pas trompé en lui inspirant, à lui, le chef de l'Etat, la résolution d'accourir sur le lieu du désastre pour exercer le plus bel attribut de son pouvoir : celui de consoler et de soulager le malheur. Mais séduit tout d'abord par le charme qu'exhale une bonne œuvre à faire, son esprit n'avait pu concevoir que le mal fût si épouvantable, la ruine si grande.

Comparant cette affreuse destruction à celle d'une ville qui aurait subi un long siége, il dit : *Le plus fort bombardement n'aurait pas accumulé tant de ruines, eût-il duré un mois.*

Pénétrant alors dans le faubourg, le cortége parcourut, mais lentement, ces quartiers désolés, au milieu d'une foule compacte, agissante, pressée d'opérer le déblaiement; à travers mille difficultés, mille embarras causés par un grand mouvement de voitures qui se croisaient en tous sens : fourgons d'artillerie, charrettes, chariots, fiacres, civières transportant meubles, blessés et cadavres.

C'était un spectacle profondément triste que celui de cette population réunie sur les débris de ces habitations renversées : les uns cherchant à retirer quelques épaves, les autres, au visage paralysé par la terreur et la consternation, éperdus, affolés, gaspillant un reste d'énergie, fouillant les décombres, recherchant avec une ardeur anxieuse les parents, les amis, les êtres qui leur sont chers, dont la plupart, hélas! sont disparus ou restés ensevelis sous ces amas de ruines...

En présence de cet horrible tableau, le maréchal, maîtrisant son émotion, essaya de donner à tous ces pauvres gens pressés autour de lui une résignation qu'il n'avait peut-être pas lui-même, tant il voyait la gravité du mal et la difficulté de secourir promptement de si grandes et nombreuses infortunes. Employant le langage du cœur, il leur exprima combien était grand son désir de venir en aide à tant de victimes : *C'est mon devoir d'ailleurs*, ajouta-t-il d'une voix accentuée.

Voulant, sans doute, leur rappeler combien sont étroits les liens qui unissent les hommes dans une même solidarité, il voulut les convaincre que le grand cœur de l'humanité, dans un acte de suprême bonté, de fraternelle assistance, se préparait à adoucir leurs souffrances, à alléger leurs misères en déversant sur eux ses dons les plus salutaires, les plus bienfaisants.

Il leur fit également comprendre que s'il est grand, s'il est beau de supporter noblement le poids accablant du malheur, on pouvait accepter les secours d'autrui sans que l'élévation de caractère en reçoive la plus légère atteinte; car la charité n'est pas humiliante quand elle est faite avec cœur, avec discernement; elle honore, au contraire, elle émeut quand elle est faite comme le Christ nous a appris à la faire, quand elle est le don pur d'un frère à un frère.

Oh! il n'y a que la reine des vertus, la charité sainte, qui puisse faire entendre de si tendres, de si affectueuses paroles, et qui puisse faire aimer ainsi jusqu'à la douleur...

Dans tous les temps, il s'est trouvé des hommes qui ont su commander aux autres par le prestige de leur nom, par la puissance de leur intelligence, par l'exemple de leurs vertus : de ce nombre est le maréchal de Mac-Mahon.

Qui ne sait jusqu'à quel degré d'honneur son mérite et ses vertus l'ont élevé? Qui peut ignorer la gloire de ses actions? Les victoires de Malakoff et de Magenta avaient fait de lui l'espoir de la patrie. Sa réputation si belle, si pure, les prérogatives attachées à son illustre emploi ont exercé une influence bien puissante sur l'esprit de ces malheureux, car, par ses affectueuses et consolantes paroles, ses pieuses libéralités, le président est parvenu à calmer l'exaltation du premier moment ; il a eu le bonheur d'adoucir la douleur, de relever le courage , de raviver les espérances de ces âmes atterrées, presque éteintes.

La bienfaisance grave ses principes dans l'âme; aussi cette visite, couronnée par le plus grand succès, le témoignage d'affection fraternelle qu'il a donné ont-ils laissé une marque ineffaçable dans la mémoire de la population toulousaine, et formeront une page des plus belles dans l'histoire du désastre de 1875. Aussi le maréchal a-t-il acquis des droits à la gratitude éternelle des inondés du midi de la France.

Dans l'expression de leur vive reconnaissance, dans leur sincère témoignage d'admiration profonde, les Toulousains offrent et offriront sans cesse, pour ce soldat illustre, pour Mme la maréchale, l'âme de cette grande œuvre, leurs vœux les plus sincères, leurs prières les plus ardentes à celui qui tient compte des bienfaits aux bienfaiteurs, des souffrances aux victimes.

LES ENFANTS DU PAUVRE

Aux innombrables témoignages de sympathie dont nous avons été comblés, il en est un que le devoir m'oblige à citer, car il affirme combien la douleur causée par nos malheurs a été immense, sincère, et combien elle a pénétré profondément dans tous les cœurs. Je veux parler de l'offrande des petits enfants qui fréquentent les écoles du pauvre : écoles chrétiennes, écoles municipales. Oui, ces jeunes enfants, dépourvus du nécessaire, couverts de vêtements insuffisants à protéger leurs petits membres contre la rigueur des saisons, inspirés par la pitié, ont voulu, eux aussi, manifester leur sympathique douleur, en déposant chacun dans les mains de leurs excellents maîtres leur modeste obole. La multiplicité de ces petits sous a formé une somme importante qui a été versée dans la caisse du Comité.

Oh ! comme elle a été acceptée avec attendrissement, comme elle a été bienfaisante cette aumône si exiguë, mais si sainte, du pauvre au pauvre !...

Oh ! quelle douce et consolante satisfaction nous avons éprouvée à la vue de ces chers petits êtres faisant leur entrée dans la vie sous les plus heureux auspices, par la plus belle, la plus charitable des actions !...

C'est dans les écoles gratuites, dans ces humbles sanctuaires, si utiles, si bienfaisants pour les parents qui appartiennent à la grande famille ouvrière, que ces jeunes âmes font l'apprentissage de la vertu. C'est là qu'ils reçoivent les premières et salutaires impressions qui restent leur guide pendant tout le cours de la vie, qui les éclaire et les relève s'ils tombent. C'est là qu'imprégnés des émanations morales, ils se préparent les nobles ressources pour l'adversité.

Il n'y a rien de plus grand, de meilleur que cette éducation donnée par cette phalange d'élite. Quels hommes !... quels cœurs !... quels soins de tous les jours !... Grâce au zèle et aux lumières de ces maîtres modestes, sincèrement amis de l'enfance, ces adolescents reçoivent l'aliment substantiel à la formation du cœur et au développement de l'intelligence. Ces braves instituteurs traitent et soignent ces âmes précieuses comme des dépôts sacrés. Sous l'influence de bons exemples, de douces leçons, ils leur inspirent les idées généreuses et les préparent de loin pour la famille et pour la patrie, pour le travail et pour la vertu.

O bien-aimés enfants, âmes saintes, si faibles et déjà si dignes de toute notre tendresse, de tout notre amour, de toute notre reconnaissance !... L'exemple touchant que vous avez donné calme l'esprit, repose l'âme dans une douce quiétude et donne de sérieuses espérances pour l'avenir de l'humanité.

NOS EXPATRIÉS

LES NATIONS ÉTRANGÈRES

———

Si nos cœurs frémissent encore au souvenir des douleurs inexprimables qu'ils ont éprouvées, l'impression déchirante qui les a frappés est bien atténuée à la vue des efforts prodigieux tentés par la charité pour la combattre.

Sur tous les points du globe, partout où il existait des Français : sur les plages brûlantes de l'Afrique, au milieu des frimas du pôle, dans les vastes contrées des deux Amériques, le bruit de nos désastres porté et répandu avec la rapidité de la foudre produisit un effet indéfinissable d'épouvante, ranima dans le cœur de nos compatriotes le foyer toujours actif d'où s'élève l'amour tendre et puissant, l'amour pur et sacré de la patrie!...

Au souvenir si émouvant du pays bien-aimé : souvenir si plein de charmes, qui rappelle, sans cesse, les premières impressions, les premiers ravissements de la vie :

> Combien j'ai douce souvenance
> Du joli lieu de ma naissance !
>
> (CHATEAUBRIAND)

au récit des malheurs horribles qui l'accablent, l'affliction la plus saisissante se manifeste aussitôt dans la plus sensible pitié.

Joignant au zèle ardent qui les domine une expansion des plus touchantes, nos chers expatriés ont voulu nous donner la preuve que l'éloignement n'avait point altéré l'amour profond qu'ils nourrissent pour la cité où sont réunis : les affections du foyer natal, si vivaces dans tous les cœurs, la famille, les traditions, les espérances. Ils nous ont fait parvenir, avec de riches offrandes, les marques les plus sincères de leur amitié, de leur bienveillance.

La bienveillance est la fleur de l'amitié.

Cette citation de Bernardin de Saint-Pierre nous

a été encore affirmée par l'élan spontané, qui s'est manifesté chez tous les peuples, dans toutes les nations, dans tous les lieux où l'humanité règne : Partout où elle étend son glorieux et bienfaisant privilége.

A cette soudaine et sublime élévation de l'âme, grandie par la souffrance de nos souffrances, tous les membres de la grande famille humaine ont songé aux impérieux devoirs que les circonstances présentes leur imposaient envers notre glorieuse France, qui toujours donna l'exemple de la générosité.

Dans cet énergique entraînement des cœurs, tous les peuples unis dans un sentiment commun de sympathie pour notre cher pays, ont déployé l'activité la plus intelligente pour rendre considérables leurs libéralités : aussi, leurs puissants et généreux efforts ont-ils été couronnés par le plus éclatant, le plus prodigieux succès.

Le souvenir de cette manifestation universelle, de ce grand acte de fraternité brillera éternellement au grand soleil de notre histoire et restera impérissable comme la charité.

SOUVENIR DE LA GUERRE DE 1870

———

Du reste, l'affection et l'estime des peuples pour notre chère France se sont manifestées dans d'autres circonstances douloureuses, notamment à l'époque de la guerre de 1871.

Nous n'oublierons jamais la munificence de notre excellente alliée l'Angleterre, son zèle, son empressement à établir un courant rapide et continuel sur le détroit pour porter des subsistances à Paris et préserver sa glorieuse population de la famine.

Nous aurons toujours présent à l'esprit le spectacle édifiant que nous ont donné, avec la prévoyance qui n'appartient qu'aux nobles âmes, nos bons et généreux voisins, les Belges. Ils étaient parmi nous sur les champs de bataille, au milieu des obus et de la mitraille : traînant leurs hôpitaux mobiles, ramassant nos morts et leur donnant la sépulture ; relevant nos blessés et leur prodiguant des soins et des secours avec la plus touchante sollicitude.

Rappelons-nous, sans cesse, l'émouvante impression que nous éprouvâmes tous, combien fut grand l'attendrissement qui nous saisit lorsque les premières offrandes nous arrivèrent. Elles étaient abondantes! C'était l'envoi de cette partie de la France qui en 1871 a subi la plus cruelle mutilation : c'était le don fraternel de nos deux bien-aimées sœurs l'Alsace et la Lorraine! Epuisées, écrasées par d'immenses malheurs, au bruit de notre plainte, ces innocentes, ces nobles et augustes victimes de la cupidité étrangère, sans souci des affronts soufferts, sans souci des humiliations subies, sans souci de leur faiblesse, se lèvent pâles et superbes, jettent vers nous un regard plein d'amour et d'espérance : avec une puissance inouïe, celle que Dieu donne à ceux qui souffrent, elles puisent dans leur bourse et partagent avec nous le peu qui leur reste; puis elles se dépouillent de leurs vêtements et en couvrent nos femmes, nos enfants nus, grelottants et sans asile !

Quelle sublime expansion du cœur !... Aussi, il y a quatre ans, pour leur manifester tout notre amour et leur donner un témoignage toujours vivant de notre souvenir, avons-nous gravé leur nom sur les murs d'une des principales voies de notre cité !...

Oh ! puisse le ciel les aimer et les bénir comme nous les aimons et comme nous les bénissons !... Notre attachement, notre affection pour ces chères sœurs se fortifiera, ira toujours en grandissant jusqu'à l'heure où, touché de tant de misères et de souffrances, Dieu, dans sa sagesse infinie, brisera de sa main puissante le cercle de bronze qui les retient captives et leur rendra libre le chemin de la mère-patrie, leur mère légitime : la France !...

Serons-nous toujours impuissants à acquitter la dette de reconnaissance que nous devons à la Suisse, si humaine et si hospitalière? Elle est bien considérable !

Le premier février 1871, à la suite de la retraite de l'armée de l'Est, cette nation véritablement amie, laissa éclater ses sympathies pour notre pauvre France.

Notre armée, composée de 85,000 hommes, 11,000 chevaux et 202 canons, forcée de chercher un refuge, trouva ses portes ouvertes.

Placée là comme un être tutélaire, entre nos soldats et les revers de la fortune, avec la simplicité affectueuse qui la caractérise, elle accueillit comme ses propres enfants nos soldats exténués, malades et souffrants. Elle leur donna tous les secours, leur prodigua tous les soins que demandait le triste état auquel les combats, les marches forcées et les rigueurs de l'hiver les avaient réduits.

Pendant que notre armée franchissait l'entrée de cet asile chrétien, le conseil fédéral, assemblé à la hâte, votait *quinze millions* pour son internement!...

Hélas! un grand nombre de nos valeureux compatriotes n'avaient déjà plus besoin que d'un tombeau!... Ils ont succombé sur cette terre hospitalière, loin de la patrie!... et sans avoir eu la consolation de mourir les armes à la main!

Mais la Suisse, vigilante et infatigable de dévouement, se signala encore en donnant l'hospitalité de la tombe, en faisant une place spéciale dans toutes ses nécropoles à ceux que nous pleurons. Ce sont de ravissants jardins couverts de gazon et de fleurs, parmi lesquelles l'immortelle domine. C'est là qu'ils reposent!... C'est là que des mains amies, guidées par un pieux instinct, ont placé ces tombes sous l'égide d'un drapeau tricolore : c'est un morceau de la patrie!... Et nos soldats qui dorment leur dernier sommeil à l'ombre des couleurs nationales, ne sont plus des exilés!... Partout où est le drapeau, là est la France!...

L'histoire dira quelle fut la généreuse hospitalité de la Suisse. Notre reconnaissance et l'amitié qui nous unit doivent être éternelles.

LA SOUSCRIPTION DES ARTISTES

LE SCULPTEUR FALGUIÈRE

Nous avons vu quels prodiges enfanta la charité pendant nos jours d'épreuve. A l'heure même où, sur le théâtre de l'inondation, s'accomplissaient des actes admirables de dévouement, elle trouvait un abri et du pain pour les malheureux qu'on arrachait aux fureurs du fleuve. Après ces premiers secours improvisés, sous l'inspiration d'une rare intelligence qui n'est jamais prise au dépourvu, elle songeait au lendemain...

Tout le monde sait quelles ressources inattendues produisirent les souscriptions spontanément ouvertes sur tous les points. Mais nous devons

une mention particulière à celle qu'organisèrent
les Toulousains établis à Paris : Hébrard, Falguière, Barthélemy, Cot, J.-P. Laurent, Rixens,
Mercié, Ponsan, Garnier, Pujol, Constant, Syl-
vestre, Marqueste, et grand nombre d'autres.

Tous, profondément atteints dans leurs affections
les plus tendres par la nouvelle de l'épouvantable
désastre, rivalisent d'efforts pour rendre leurs secours prompts et efficaces. Un devoir particulier
s'ajoutait au devoir commun : leurs familles, leurs
amis pouvaient être au nombre des victimes!...

Hébrard, le publiciste, avec l'éloquence du
cœur, invoque le concours bienveillant, mais toujours assuré, de la presse parisienne. Les offrandes
royales qu'il recueille témoignent et de la générosité et de la puissante influence qui s'attache à
la haute considération dont jouissent si justement
ces hommes d'élite.

Le sculpteur Falguière, dégageant de son cœur
l'affliction qui l'oppresse, avec la grandeur d'âme
dont il a si souvent donné des preuves, inspiré à
la pensée de ses chers compatriotes qui sont sans
asile et sans pain, prend une énergique initiative
en faisant un appel chaleureux à l'amitié, au ta-
lent de ses confrères de la grande et illustre fa-

mille des artistes. Il invoque le concours de ces hommes célèbres, parce que, vivant des mêmes sentiments, des mêmes aspirations, il connaît leur cœur ; il sait que le plus beau privilége que se réserve l'homme de génie est d'être notre consolateur lorsque l'infortune nous accable, de rester notre dernier ami lorsque le malheur nous enlève tous les autres.

Tout ce que Paris compte d'illustrations dans les beaux-arts répond avec la plus sympathique spontanéité à la prière pénétrée et touchante de notre brave concitoyen.

Témoins émus, nous voyons alors se dérouler le spectacle le plus splendide, le plus caractérisé de la solidarité fraternelle. Chacun voulant signaler son offrande à son gré se met bravement à l'œuvre avec un dévouement et un zèle infatigable.

En peu de temps, les travaux de ces grands Maîtres : peintures, sculptures, aquarelles, dessins, etc., etc., pleuvent abondants dans l'atelier de l'artiste toulousain.

Une vente rapidement organisée attire de toutes parts les acheteurs : les riches amateurs ne laissent pas échapper l'occasion de faire une bonne action, tout en acquérant l'œuvre d'un Maître. Une somme considérable est le produit de cette vente.

De tels bienfaits électrisent les âmes et font germer en elles les sentiments les plus vifs de l'admiration et de la reconnaissance.

Une froide ambition n'a pas été le mobile de la conduite de Falguière ; en accomplissant cette œuvre, Falguière n'a fait qu'obéir à son cœur. Il a voulu satisfaire l'impérieux besoin de rendre à la ville de Toulouse, sa mère adoptive, tout l'amour, toute l'affection qu'elle lui avait prodigué ; il a voulu lui témoigner sa profonde gratitude pour le bien qu'elle lui a fait, pour la protection dont elle a entouré sa jeunesse en lui assurant l'indépendance et le succès contre les incertitudes de l'avenir.

Il n'y a point au monde, disait Labruyère, *de si pénible métier que de se faire un grand nom.* Dans la vie d'artiste surtout, le succès n'y est point facile : on y récolte plus d'épines que de roses. Mais aussi il n'y a rien de plus doux, de plus satisfaisant que d'être soi-même l'artisan de sa propre gloire, de ne devoir rien qu'à soi-même :

> Être auteur de son nom est un honneur suprême ;
> Le vrai noble est celui qui s'illustre soi-même.

(Fréville.)

Quel plus beau titre peut invoquer l'homme qui a atteint le but vers lequel il tendait !...

Les commencements sont toujours pénibles pour les jeunes gens dont la fortune est des plus humble, pour ceux qui n'ont absolument que leur mérite, car pour eux, d'heure en heure, la vie se complique des cruelles angoisses du besoin.

Mais Toulouse, mère tendre, prévoyante, qui s'émeut des souffrances, qui s'attendrit à toutes les misères, Toulouse, dont l'amour et la sollicitude pour ses enfants sont inépuisables, pourvoit, avec le désintéressement qui lui est propre, aux études des principes dont l'ensemble constitue la culture intellectuelle des arts.

Elle ouvre les portes de son incomparable Ecole à cette jeunesse pleine d'ardeur qui voit déjà rayonner devant elle des horizons illimités. Pour faire participer ces jeunes cœurs au bel héritage que les hommes de génie nous ont laissé, elle leur livre son riche Musée, ses nombreuses Galeries où sont exposées des séries de chefs-d'œuvre, annales vivantes qui attestent le développement successif des progrès dans les arts.

Elle accueille ces jeunes élèves disposés aux labeurs les plus durs, résolus aux luttes héroïques, impatients de s'élever pour conquérir les palmes glorieuses réservées au génie.

C'est là que, depuis deux siècles, s'est formée une légion d'artistes d'élite qui se sont fait un nom dans toutes les branches de l'Art et dont les œuvres merveilleuses, répandues au loin, sont l'honneur de l'Ecole qui les a formés. Avons-nous besoin de citer Rivalz, de Troy, Gros, Subleyras, Valencienne, Lucas, Houdon, Vidal, Arnal, et tant d'autres parmi lesquels un choix est impossible.

Dans le groupe si nombréux des contemporains, nous citerons : Roques, Raynaud, Griffoul-Dorval, Prévost, Salamon, Ingres, Bida, Garipuy, Maurette, Benezet, Bach, Bonnal, Esquié, Mortreuil, Saint-André, Saint-Ginest, de Lacger, etc., etc.

Cette brillante pléiade qui, depuis longues années, continue de jeter tant d'éclat sur l'Art français, voit tous les jours ses rangs se grossir et ses triomphes augmenter. Dans les exhibitions, dans les concours, dans les expositions, dans ces luttes intéressantes que chaque année ramène soit à Paris, soit à Toulouse, notre jeunesse se fait remarquer par les grands succès qu'elle remporte. Nous n'en voudrions pas d'autre preuve que les *trente* admissions qu'elle a obtenues au salon de

1876, parmi lesquelles les *premières récompenses* ont été remportées par nos concitoyens.

Mais ce qui contribue surtout à la grande renommée de notre Ecole, c'est le culte jaloux des traditions glorieuses du passé, auquel nous devons de n'avoir jamais vu s'interrompre la succession des Maîtres toulousains.

Nous savons comment, guidé par son instinct naturel, par son enthousiasme pour son art, Falguières s'est élevé par degrés à ce haut point de perfection qui l'ont fait ranger parmi les Maîtres qui honorent le plus l'Ecole de Toulouse.

Nous avons vu, lorsque s'offrit une de ces circonstances douloureuses où le dévouement, où la charité ont besoin d'être immenses comme le malheur, avec quelle expansion l'âme de l'artiste s'est mise à nu et s'est révélée dans toute sa sincérité.

Cette sublimité du dévouement a éveillé en sa faveur, dans le cœur de ses concitoyens, une admiration profonde, une sympathie inébranlable et l'ardent désir d'honorer un si noble exemple de caractère en accordant à notre éminent artiste le plus haut témoignage d'estime que l'amitié, la reconnaissance puissent nous inspirer.

Remontons le cours des âges : nous voyons que

les anciens peuples grecs et romains récompen-
saient, par des distinctions honorifiques, le courage, le dévouement, la vertu.

Ils avaient la *couronne d'or* et *des armes d'honneur* pour les soldats qui avaient accompli quelque
action d'éclat ; ils avaient la *couronne civique,* la
plus belle de toutes, quoiqu'elle ne fût faite qu'en
feuilles de chêne.

Cette éclatante distinction, qui prouvait tout le
prix que Rome attachait à la vie de ses enfants,
n'était décernée qu'à celui qui avait sauvé la vie
à un citoyen.

C'est par l'hérédité de ces beaux exemples d'ému-
lation, dont l'effet insaisissable ennoblit, féconde
l'âme, que les cités restent grandes dans l'histoire ; c'est par cet encouragement à la vertu
qu'elles perpétuent leur célébrité par les grands
hommes qu'elles enfantent.

Par son humanité, Falguière a lié indissolu-
blement son nom à l'histoire de nos malheurs ;
par son mérite artistique, il a augmenté la gloire
de la cité ; comme fils du même Dieu, il nous a
rappelé ce que les hommes se doivent de respect
et d'amour réciproques ; comme citoyen, il a fait
son devoir. — A nous maintenant à faire le nôtre.

Il est si doux de célébrer une gloire que l'on estime et que l'on aime !...

Toulousains, décernons à notre généreux concitoyen la récompense que sa noble conduite a si bien méritée.

A l'exemple des anciens peuples, offrons à ce modèle des vertus civiques une palme digne de la noblesse de son caractère, digne de la justice de notre cœur.

Gravons cet acte solennel sur le livre d'or de nos annales, à la suite de ces pages destinées à perpétuer le souvenir de nos lamentables désastres.

INVOCATION

Et toi, Toulouse, ô cité bien-aimée ! relève-toi !... Renais à l'espérance !... Reviens à tes nobles et laborieuses aspirations !... Reprends ta palette et ton ciseau !... Retrempe ta vigueur aux sources fécondes de la science et de la poésie !...

De ta glorieuse et légendaire couronne surgiront de nouveaux fleurons dont l'éclat soutiendra, parmi les générations futures, le prestige de ton ancienne renommée !...

Tu seras forte désormais, car tes malheurs récents ont donné au monde entier le spectacle de la manifestation la plus touchante de la puissance du cœur humain et du triomphe éclatant de la Charité.

109

www.ingramcontent.com/pod-product-compliance
Lightning Source LLC
Chambersburg PA
CBHW061328060726
47596CB00003B/1146